ESTAMPES

DES DIFFÉRENTES ÉCOLES

DES

XVIIe, XVIIIe et XIXe Siècles

PORTRAITS

AVEC QUELQUES AUTOGRAPHES

ET

QUELQUES DESSINS

Cabinet de M. L. M.

VENTE

Les Vendredi 26 et Samedi 27 Mai 1865, à une heure précise.

Me DELBERGUE-CORMONT
COMMre-PRISEUR

M. VIGNÈRES
MARCHAND D'ESTAMPES

(212e)

PARIS — 1865

PORTRAITS GRAVÉS

In-8°, papier format in-4°, chaque 1 fr.

Chez VIGNÈRES, marchand d'Estampes,

RUE BAILLET, N° 1.

ARIOSTE, DANTE, PÉTRARQUE, TASSE *I Quatro poeti Italiani, Claire-voie*, groupe gravé par	HOPWOOD.
BÉRANGER, manière noire. *Carré.*	REYNOLDS.
BERRY et ses enfants (duchesse de), en pied. *Carré.*	VALLOT, 1823.
CARTOUCHE. *Claire-voie.*	
CAZOTTE. *Claire-voie.*	
CHODSKO. *Claire-voie.*	HOPWOOD.
COLET (Madame Louise). *Claire-voie*	WEBER.
DUDEFFANT (Madame). *Carré.*	FORSHEL.
DUMAS (Alexandre). *Claire-voie.*	DIEN.
DUVAL, marquis de Fontenay-Mareuil. *Ovale équarri.*	SARADIN.
ÉLIE DE BEAUMONT, avocat. *Claire-voie.*	DEVRITZ.
FORBIN (comte de). Ingres del. Rome, 1812.	REINAUD.
GRETRY, compositeur, d'après Isabey. *Ovale.*	SIMON.
GUIZOT, d'après Delaroche. *Carré.*	LAUGIER.
HOFFMANN (E.-T.-A.). *Claire-voie.* D'après H. Dupont.	PELÉE.
INGOUF jeune, graveur, d'après lui-même. *Claire-voie.*	SISCO.
LACHAMBEAUDIE (Pierre). *Claire-voie.*	MONNIN.
LASNE (Michel), graveur. *Ovale équarri.*	DEVRITZ.
LEMIERRE (A.-M.), auteur dramatique. *Ovale équarri.*	
LOUIS Ier, roi de Bavière. *Claire-voie.*	COUCHÉ FILS.
MAINTENON (Fr. d'Aubigné, marquise de). *Carré.*	L. MASSARD.
NAPOLÉON Ier, d'après Muneret. *Ovale.*	ROGER.
MONTAIGNE. *Ovale.* Dessiné et gravé par	H. DUPONT.
MONK (Georges). *Claire-voie.*	ROZE.
PETRARCA (Francisco). *Carré.*	BERNARDI.
——— Sa maison à Arrezzo. *Carré.*	CATTANEO.
QUESLUS, mignon d'Henri III, d'après Brebiette. *Carré.*	BRACQUEMOND.
RAPHAEL à 15 ans, d'après lui-même. *Carré.*	ANNEDOUCHE.
ROUGET DE LISLE. *Claire-voie.*	VARIN.
SAINT-MARTIN, marquis de Miskou, en pied. *Carré.*	DEVRITZ.
SAINT-SIMON (Claude-Henri, comte de). *Claire-voie.*	PERROT.
SIEYÈS (E.), d'après Bréa. *Ovale équarri.*	HUOT.
SILVAIN MARÉCHAL. poëte. *Claire-voie.*	DEVRITZ.
TALLEYRAND-PÉRIGORD, arch. de Paris. *Ovale.*	
THÉROIGNE DE MÉRICOURT. *Carré.*	DEVRITZ.
THIÉBAULT (D.-D.). *Claire-voie.*	ADLART.
TURGOT, ministre. *Ovale équarri.*	TARDIEU.
VATOUT (Jean), académicien. *Claire-voie.*	VARIN.
WASHINGTON (Georges) et sa fille=(Martha) 2. *Claire-voie.*	GEOFFROY.
WORONZOW (Michel, comte). *Ovale.*	LEGROS.

Renou et Maulde, imprimeurs de la Compagnie des Commissaires-Priseurs, rue de Rivoli, 144. 41153

CATALOGUE
D'ESTAMPES

DES DIFFÉRENTES ÉCOLES

DES

XVIIe, XVIIIe et XIXe siècles

PORTRAITS

AVEC QUELQUES AUTOGRAPHES

ET

QUELQUES DESSINS

PROVENANT

Du Cabinet de M. L. M.

DONT LA VENTE AURA LIEU

HOTEL DES COMMISSAIRES-PRISEURS

Rue Drouot, n° 5

SALLE N° 3, AU 1er

LES VENDREDI 26 ET SAMEDI 27 MAI 1865

A UNE HEURE PRÉCISE

Me **DELBERGUE-CORMONT**, Commissaire-Priseur,
rue de Provence, n° 8,
Assisté de **M. VIGNÈRES**, marchand d'Estampes,
rue de la Monnaie, 13, à l'entresol; entrée rue Baillet, 1,
CHEZ LEQUEL SE DISTRIBUE LE CATALOGUE.

PARIS — MAI 1865

ORDRE DES VACATIONS

1re Vacation :	École Ancienne.......	1	à	63
—	Estampes Modernes....	64	à	206
2me Vacation :	Portraits............	207	à	274
—	École du XVIIIe siècle..	275	à	396
—	Dessins..............	397	à	414

Les attributions de l'Amateur ont été conservées pour les Dessins.

On pourra diviser les lots ne formant pas suite complète.

CONDITIONS DE LA VENTE

Elle sera faite au comptant.

Les Acquéreurs paieront CINQ POUR CENT en plus des enchères applicables, aux frais.

M. VIGNÈRES, dirigeant la Vente, se charge des Commissions.

NOTA. Toute commission sans prix fixé ou sans limite déterminée sera regardée comme nulle.

M. VIGNÈRES se charge de faire marquer les prix aux Catalogues des ventes qu'il a faites. Les personnes qui le désirent peuvent s'adresser à lui *franco*.

Les Catalogues des Ventes à faire seront envoyés à toute personne qui en fera la demande *affranchie*.

AVIS. — Nous prions MM. les Amateurs éloignés de ne pas attendre au dernier jour, pour que les lettres arrivent le matin de la vente ; ils comprendront que quelques lettres peuvent se lire, mais de 20 à 50 lettres, c'est difficile.

ESTAMPES

Par et d'après les Maîtres des Écoles des XVIe et XVIIe siècles

---

1 **Bartsch**. Vierge, Fuite en Egypte, etc 4 p.

2 **Bause**. Artémise, d'ap. Guido Reni.

3 **Berghem**. Bergeries. 9 p. — Karel Dujardin, Animaux et Paysages. 9. En tout 18 p.

4 **Bloteliugh**. Judith, d'ap. Raphaël, et Berger combattant un loup. 2 p.

5 **Bonasone**. Naissance de Bacchus. — Naissance de Saint Jean. — Saint Jean-Baptiste montrant la Vierge. 3 p.

6 **Both**. Paysages à l'eau-forte. 2 p.

7 **Brebiette**. Triomphe de Vénus. — Adam et Ève chassés de Scalberge. 2 p.

8 **Breughel** (d'ap.). La Force, la Prudence. 2 p.

9 **Brunn** (Isaac). Triptique sur un autel.

10 **Bry**. L'Age d'or, pièce ronde, charmante ép.

11 **Bye** (Marc de). Bestiaux, Lion, Combat d'ours, etc. 18 p.

12 **Callot**. Entrée de Son Altesse à pied et autres, par et d'après. 10 p.

13 — Saint Nicolas, belle ép. avec Israël.

14 **Camayeux**. Andreani. — Zanetti. 2 p.

15 **Canale** (Giuseppe). Saint Pierre. — Saint Paul 2 têtes.

16 **Carrache** (les). Vierges, Mariage de Sainte Catherine et autres. Sujets religieux. 11 p.

17 **Claude Lorrain.** Campo Vaccino, ép. sur papier vergé. — Marine d'après lui. 2 p.

18 **Coelmans.** Sainte Famille, Sainte Catherine. 2 p.

19 **Dé** (Maître au). Apollon et Daphné, le Fleuve Penné, etc. 4 p.

— Fable de Psyché. 4 p.

20 **Dietricy.** Le Charlatan arracheur de dents, les Musiciens ambulants, Ecce Homo, Paysages, etc. 9 p.

21 **Durer.** L'Homme de douleur, Sujets de la Passion, coloriés, pièces de la petite Passion en bois, les trois Croix, etc. 14 p.

22 **Dusart** (C.). Le Batteur en grange. Manière noire.

23 **Edelinck.** L'Été, l'Automne, la Terre, Diane, etc., les quatre Cavaliers, Bas de la Thèse du duc d'Orléans. 8 p.

24 **Frey** (J. M.). Sujets de bestiaux. 4 p.

25 **Ghisi.** Vénus blessée par les épines d'un rosier. Très-belle ép. — Le Tribunal de l'ignorance. 2 p.

26 **Goudt** (comte de). Tobie et l'ange, l'Aurore et autres, de J. Van de Velde. 6 p.

27 **Guido Reni.** Vierge, Sainte Famille, et Sainte Madeleine, par Cunego. 3 p.

28 **Hollar.** Tête de Christ, Portraits, Paysages. 8 p.

29 **J. C.** (Monogramme)? Enlèvement des Sabines, petite p. Très-rare; vient des cabinets de Marolles et Robelot.

30 **Kobel** (F.). Paysages à l'eau-forte. 12 p.

31 **La Belle**. Le Pont-Neuf à Paris. Grande et belle pièce.

32 — Chasse au cerf, Château Saint-Ange, Paysage, etc. 9 p.

33 **Leclerc** (Sébastien). Le Grand et le Petit pasteur, Entrée d'Alexandre, Apothéose d'Isis, Psyché, etc. 1 p.

34 — Métamorphoses d'Ovide. 30 p.

35 **Léonard Gaultier** et autres. Jugement dernier. Allégories, Méditations sur la mort, etc. 9 p.

36 **Le Pautre**. Le Neptune français, d'ap. Bérain.

37 **Lievens**. Tête de vieillard à l'eau-forte.

38 **Lucas de Leyde**. Vierge sur un croissant l'Homme de douleur, David, Pandore, la Force, la Fable de Virgile, etc. 8 p.

39 **Marc-Antoine** et son Ecole, Vénus blessée, pièces d'ap. Durer, Annonciation, Sainte Famille, Jugement de Pâris, et autres sujets par et d'après ses élèves. 26 p.

40 **Mauperché**. Petits paysages à l'eau-forte, le Satyre, etc. 5 p.

41 **Mellan**. Les Pères du désert, Sainte Catherine, Diane. 3 p.

42 **Michel Lasne**. Vierge et Jésus, Allégorie, etc. 3 p.

43 **Morin**. Le grand Saint Bernard, d'ap. Ph. de Champagne.

44 **Norblin**. Son portrait et autres eaux-fortes. 8 p.

45 **Ostade**. Scènes de Buveurs, etc., eaux-fortes par et d'après lui 16 p.

46 **Parmesan.** Adoration des bergers, Moïse et autres pièces d'après lui, par Zanetti. 8 p.

47 **Parrocel.** Vie de Jésus-Christ, nos 3 et 4. 2 p.

48 **Pas** (C. de). Sujets mythologiques, etc. 7 p.

49 **Petits Maîtres.** Aldegraver, Pencz, et Stephanus, Triomphe de Bacchus, etc. 5 p.

50 **Rembrandt.** Son Portrait à la toque ornée d'une plume, Annonce au berger, Fuite en Egypte, la Liseuse, et autres. 26 p. par et d'après.

51 **Ruysdaël.** Les deux Hommes et leur chien. — Le Petit Pont de bois. — La Chaumière en haut de la colline. 3 p. avec marge.

52 **Schut** (C.). Vierges, Christ mort, la Résurrection. 4 p.

53 **Silvestre** (I.). Perspective de la ville de Paris, Vue du Pont des Tuileries. Grand in-fol., en travers.

54 **Solis** (Virgile) Triomphe de l'Eté, l'Automne, et l'Hiver, 4 p. en forme de frises. Rares.

55 **Swanevelt** (H.). Paysages à l'eau-forte. 10 p.

56 **Visscher** (C. et J.). Le Coup de pistolet, Berger d'ap. Berghem, Buveurs d'Ostade, etc. 9 p.

57 **Vliet** (Van). L'Arracheur de dents, Marchand de mort aux rats, Gueux, 3 p. à l'eau-forte.

58 **Waterlo.** Paysages à l'eau-forte., 8 p.

59 Ecoles Allemande et Flamande, Cranach, Goltzius, Gheyn, Wouvermans 4 p.

60 Eaux-fortes italiennes, Castiglione, Testa, Tiepolo. 5 p.

61 — Ecole italienne d'ap. Dominiquin, Raphaël, Titien, Véronèse, etc. 21 p.

62 — Ecole italienne moderne; Folo, Lasinio, Rosaspina. 5 p.

63 — Paysages divers, eaux-fortes, etc. 36 p.

ESTAMPES AU BURIN DU XIXe SIÈCLE

A l'Eau-Forte & Lithographies.

64 **L'Artiste**. Choix de pièces gravées et lithog. Environ 200. Anciennes ép. Sera divisé.

65 **Aubry-Lecomte**. Madame Récamier dans son salon, d'ap. Dejuine, in-fol., avant la lettre, sur Chine.

66 — Ariadne. — Erigone. 2 p. avant la lettre. Chine

67 — Le Fleuve Scamandre, avant la lettre. Chine.

68 — Danaé. — Odalisque. — La Peste de Marseille, d'ap. Gérard, Héro et Léandre, d'ap. Girodet. 5 p. avant et avec la lettre.

69 — D'après Raphaël, Girodet, Greuze, Fauvelet et autres. 8 p.

70 — D'ap. Prudhon, Marguerite, une Pensée, les Vendanges, Famille malheureuse, la Vierge, etc. 6 p.

71 **Audouin**. Jupiter et Antiope, d'ap. le Corrége, avant et avec la lettre. 2 p.

72 **Baron**. Lithog. par et d'ap. lui. 7 p.

73 **Bernardi**. La Nymphe Salmacis, d'ap. Thorwaldsen.

74 **Blery** (Eugène). Paysages et plantes à l'eau-forte. 10 p.

75 — La grande Forêt. Sur chine.

76 — Les Chênes des Vaux. Ep. sur chine.

77 **Boissieu**. Son portrait, Leçon de botanique, Pie VII, ép. avant la tiare et avant toute lettre, de la copie de Claussin ; les grands Tonneliers, l'Écrivain public, le Charlatan, Croquis de têtes, paysages, etc., à l'eau-forte. 18 p.

78 **Bonington**. Le Duel, le Gibet, Edimbourg, Château de Bothwell, Embouchure de la Caxoero. 5 p.

79 **Boulanger** (Louis). Les Orientales, Sultane, Mort de Salvator Rosa et autres. 16 lithographies originales.

80 **Bracquemont**. Portrait de Théophile Gautier. Avant et avec la lettre. — La Toilette, d'ap. Chapelain, 1er état. — Margot la critique. — Attelage de bœufs. — Le Repos. — Les Perdrix, 1er état. 7 p.

81 **Butavand**. Fac-simile d'ap. Raphaël, Vierge et Jésus, d'ap. Fries. 3 p.

82 **Calamatta**. Lisa Gioconda. Superbe ép. sur chine. Marge.

83 — Françoise de Rimini, d'ap. Scheffer. Très-belle.

84 **Calame**. Paysages à l'eau-forte. 21 p., la plupart sur chine.

85 **Carrey**. Mercredi des Cendres. Superbe ép. avant toute lettre.
— Gentilhomme, costume Louis XV. Sup. ép. avant toute lettre, signée. — Paysage et autres. 4 p.

86 **Charlet**. Grenadier polonais, les Enfants de la Bonnetière, etc. 10 p.

87 **Collignon** (Jules). Intérieur d'écurie, Marine d'ap. Bonington, Paysage d'ap. Dupré, Présentation au temple d'ap. Rembrandt. Avant la lettre et autres pièces gravées et lithog. 10 p.

88 **Damour**. Auvergne, d'ap. Marilhat, 1834.

89 **Daubigny**. Le Ruysdaël du Louvre, Environs de Choisy-le-Roi, Forêt de Montmorency et autres pièces à l'eau-forte, Paysages. 26 p.

90 **Dauzats**. Vues de France et Orient. 7 p.

91 **Decamps**. L'Anier turc, Corps de garde turc, le Gardeur de porcs, etc. 4 p. à l'eau-forte.

92 — L'an de grâce 1840, du règne glorieux de Charles X. Grande lithog. Belle ép. rare.

93 — Croquis, chameau, sujets divers. 24 lithographies originales.

94 — (D'après). Lithog. et gravures par Leroux, Marvy, Nanteuil, etc. 36 p.

95 **Delacroix**. Son portrait, par Gigoux, Chef maure, eau-forte originale, jeune Tigre, la Fiancée de Lamermoor, Faust et le chien. 3 lithog. originales. 5 p.

96 — (D'après). Les Femmes d'Alger, Daniel, le Dante et autres, par Mouilleron, Leroux, etc., gravées et lithog. 14 p.

97 **Desnoyers.** La Danse des Nymphes, d'ap. Vanderverf. Très-belle ép., toute marge.

98 **Devéria** (A.). Naissance d'Henri IV. — Jugement de Marie Stuart. 2 grandes lithographies d'ap. son frère.

99 **Dupré** (Jules). Vues et paysages, lithog. originales. 5. — D'après lui, gravé et lithog., 8. En tout, 13 p.

100 **École anglaise.** Vues, Paysages, Marines, d'après les maîtres anciens et modernes. 29 p.

101 — Sujets gracieux, Compositions de femmes, sujets de genre et animaux, d'ap. Herring, Landseer, etc 51 p.

102 — Portraits de femmes, avant la lettre. 10 p.

103 — Compositions de femmes dans des ovales ornés, 35 p. Plusieurs différents états.

104 — Titres d'ouvrages, Griselda, etc. 9 p.

105 **Feuchère.** Fontaine Cuvier, Jeanne d'Arc, Satan, Sainte Famille, etc. 6 eaux-fortes.

106 **Flameng** (Léopold). La Source, d'ap. Ingres. Magnifique ép. sur chine avant toute lettre.

107 — Nymphe au bord de la mer, avant toute lettre. — Paysage. — Les Pillards. 3 p.

108 **Forster.** La Maîtresse du Titien. In-fol.

109 **Français.** Lithographies d'ap. divers maîtres. 16 p.

110 **François.** Adam et Ève, d'ap. Raphaël. In-8, avant la lettre, chine, grande marge.

111 **Gavarni.** Son portrait, duchesse d'Abrantès, Monnier, etc. 4 p.

112 — Sujets tirés de l'**Artiste** ancien et moderne. 34 p.

113 **Geoffroy**, d'ap. Diaz. Intérieur d'un harem. Ep. sur chine, avant la lettre.

114 **Gigoux**. A. Moine, W. Scott. Sujets historiques par et d'après. 11 p

115 **Gribelin**. Esther et Assuérus, d'ap. Tintoret.

116 **Guérin**. L'Amour désarmé, d'ap. Corrége.

117 **Huet**. Source de Royat Grande eau-forte, sur chine.

118 **Huet** (Paul). Paysages à l'eau-forte. 4 p.

119 — Paysages lithographiés. 8 p.

120 **Ingres**, 1825. Odalisque, lithog. originale. Très-belle ép.

121 **Ingres** (D'ap.). Odalisque, le buste lithog. Ovale équarrie, par Sudre. Belle ép., chine.

122 — Odalisque couchée, lithog. par Sudre. Très-belle ép. avant la lettre, chine.

123 **Jacques** (Charles). Paysage, d'ap. Vanderneer, Fermes, Paysages, Porcher et autres sujets à l'eau-forte. 38 p.

124 **Johannot** (Alfred et Tony). Eaux-fortes et vignettes gravées. Ep. sur chine, avant la lettre. 17 p.

125 — Lithographies, sujets historiques. 16 p.

126 — Les Contes de Voltaire, 8 vignettes in-8, sur chine, avant la lettre, toute marge.

127 — Werther. Suite complète. 10 p. à l'eau-forte, sur chine, avant la lettre.

128 — Vignettes par et d'après. 18 p.

129 **Keller**. Sujets religieux, d'ap. Steinle et Overbeck. 10 p.

130 **Laugier**. Mort de Léandre. — Persée délivrant Andromède, avant toute lettre. 2 p.

131 **Lecomte** La Vierge au coussin, avant la lettre. — La Vierge au voile. — Jésus et les enfants, avant la lettre, chine et eau-forte. — Rébecca, eau-forte. — Vierge au candélabre et autres vignettes 9 p.

132 **Lefèvre** aîné et jeune. Suzanne, Enlèvement de Déjanire, Danaé, l'Amour et Psyché, avant la lettre, chine et blanc. 6 p. Vignettes, toute marge.

133 **Lemud** (De). Portrait de Gigoux, et autres lithog. originales tirées de l'Artiste. 8 p.

134 — Maître Wolframb. Ep. sur chine.

135 **Leroy** (Louis). Normandie, les Représailles et autres eaux-fortes originales et lithog. 14 p.

136 **Lightfoot**. Buste de la Madeleine du Corrége. — La Madeleine du Corrége entière. Superbe ép. avant toute lettre. 2 p.

137 **Longhi**. Bonaparte à Arcole, in-fol. — Saint Joseph ; très petite p. — Vieillard, d'après Rembrandt. 3 p.

138 **Lucas**. Festin de Balthasar. — Le Déluge 2 p., d'ap. Martens, avant toutes lettres, sur chine, signées.

139 — Résurrection de Lazare; avant toute lettre. — Le Matin. — Le Bain. — Lever du soleil, etc. 6 p.

140 **Maile.** Olivier Cromwel. — La Pêche. — Le Chapeau de velours. — La Harpe, etc. — Bustes de jolies femmes Avant la lettre; 5 p.

141 **Marvy** (Louis). Paysage aux trois arbres, d'ap. Rembrandt

142 — Paysages d'ap. Rembrandt. 10 p.

143 — Paysages d'ap. Claude Lorrain, Cabat, Diaz et autres, et d'ap. lui-même. 44 p. à l'eau-forte.

144 **Massard.** Abraham recevant Agar. Ép. avant la lettre. Toute marge.

145 **Meissonnier.** Le Petit fumeur. Charmante eau-forte Ép. sur chine, marge.

146 **Meissonnier** (D'après). Le Coup de l'étrier, par Flameng; avant la lettre. — Le Sergent recruteur, par Hedouin. -- Vignettes et lithog., par Mouilleron. 5 p.

147 **Mercuri.** Les Moissonneurs dans les marais Pontins, d'après Léopold Robert. Belle ép. avant la lettre, avec *imprimé chez Chardon aîné.*

148 — Sainte Amélie, d'ap. P. Delaroche. Sup. ép. sur chine.

149 — Jeanne Gray, d'ap. Delaroche. Ép. sur chine.

150 **Meryon.** Tour de l'Horloge, Pompe Notre-Dame et le couplet illustré, l'Abside Notre-Dame, Pavillon de Mademoiselle. 6 p. à l'eau-forte.

151 **Metzmacher.** Odalisque, d'après Ingres. — Léda. — Vénus et l'Amour, d'ap. Baudry. — Sultane au bain, d'ap. Picou. 4 charmantes p. Sup. ép. avant la lettre, chine.

152 **Montant.** Jeune fileuse dormant. — Le Silence. — 2 charmantes figures de jeunes filles, d'ap. Vidal. Superbe ép. avant la lettre. chine.

153 — Voyage à ma fenêtre, Ondines, les Fleurs. 3 p.

154 **Morghen** (R.). Profil du Christ, d'ap. Léonard, dans un rond, in-8. Jolie pièce.

155 — Raphaël et la Fornarine. 2 portraits.

156 **Mouilleron,** d'ap. lui-même, Couture, Robert, Fleury et autres. 20 p. lithog., sur chine.

157 **Muller** (Fr.). Saint Jean évangéliste, d'ap. Dominiquin. Très-belle ép., avec 1808.

158 **Muller** (H.-C.). Enlèvement de Psyché, d'ap. Prud'hon. Très-belle ép., toute marge.

159 **Pigeot.** Bossuet en pied, d'ap. Rigaud. Avant la lettre, in-4.

160 **Prud'hon.** Enlèvement d'Europe. Eau-forte originale.

161 — Le Garçon avec le chien. Superbe ép. avant toute lettre.

162 — Une Lecture. Superbe ép. avant toute lettre, toute marge, lithog. originale.

163 — La même. Superbe ép. avec la lettre, sur chine, toute marge.

164 — Une Famille malheureuse. Superbe ép. sur chine, toute marge, tirée de l'Album, lithog. originale.

165 — La même ép. sur blanc, toute marge.

166 **Prud'hon** (D'ap.). Adresse de Merlen, graveur sur métaux et pierres fines, découpée et remargée.

167 — Daphnis et Chloé, Naissance, Cigale, le Bain. 3 p. in-4, avant la lettre, et le Bain avec la lettre. 4 p.

168 — Phrosine et Melidor. 4 p. in-4, pour Gentil Bernard, avant la lettre, très-belles ép.

169 — La Grotte, par Roger. Rare et superbe ép. in-8, avec la tablette, marge.

170 — Le Premier baiser de l'Amour, par Copia, in-8. Très-belle ép., toute marge

171 — Illustration pour Rousseau. 4 p. in-8, par Copia.

172 — **Prudhon**. Joséphine en pied, Jésus-Christ portant sa croix, Zéphyre, Abrocome et Anzia, Mort de Virginie, in-8 et in-4, Psyché, Christ en croix, etc. 14 p.

173 **Raffet**. Serment du Jeu de Paume. — Assemblée dissoute à Versailles. — Massacre. 3 petites eaux-fortes sur chine, in-8, toute marge, très rares.

174 — Croquis macédoines. 7 p. lithog.

175 — La Dernière charrette. Belle ép.

176 — Retraite de Constantine.

177 — La Grande revue aux Champs-Elysées.

178 — Retraite du bataillon sacré à Waterloo. Ép. chine.

179 — Sujets militaires et autres, Jean-Jean, etc. 23 p., et vignettes d'après lui, en tout 26 p.

180 **Rainaldi**. Enlèvement d'Europe, d'ap. P. Véronèse. Grande pièce.

181 **Revel**. Esther et Assuérus, et autres vignettes, d'après Johannot. Superbe ép. avant la lettre, chine. 10 p.

182 **Reynolds**. L'Échelle de Jacob, d'ap. Salvator Rosa. Très-grande manière noire.,

183 **Reynolds**, d'ap. Bonington. L'Antiquaire, Jeune fille malade, le Page, Méditation, etc. 8 p. La plupart avant la lettre. Très-belles ép.

184 **Richomme**. Triomphe de Galathée. Petite p. in-8, d'ap. Cipriani. Très-rare.

185 **Riffaut**. Un Petit souper du régent, d'ap. Em. Wattier, 1847. Ep. sur chine.

186 — Portraits. 6 p. tirés de l'Artiste.

187 — Sujets divers gracieux. 17 p.

188 **Robert** (Léopold). Son portrait gravé et lithog., son tombeau, une Suissesse, Improvisateur napolitain; avant la lettre, chine, et avec la lettre, la Prédication, Brigand napolitain, Environs de Rome, Repos du pâtre. 8 lithog. originales, les Pêcheurs, 2 compositions différentes. Improvisateur, Madone de l'Arc, etc 16 p.

189 **Robinson**. La Mantille, d'ap. Landseer.

190 **Robinson** et autres. Vignettes et portraits. 10 p.

191 **Roger**. Vignettes, d'ap. Moreau, Prud'hon, Gérard. Portraits de La Vallière, Fontanges, Montespan, etc. 9 p.

192 **Roqueplan**. Son portrait par Alophe, sujets et paysages. 25 p., lithog. originales, et 7 p. d'ap. lui. En tout, 33 p.

193 **Scheffer** (A). Si jeune. — Allons. — Françoise de Rimini. 3 lithog. originales.

194 **Scott** (James). Jugement du comte de Strafford, d'ap. W. Fisk. Grande et belle eau-forte sur chine, avant la lettre.

195 **Strange**. La Fortune, d'ap. Guido Reni.

196 **Trimolet**. Onze mois de l'année, le vieux Mendiant, Fête à la Bastille. 13 p. à l'eau-forte.

197 **Troyon** (D'ap.). Chiens et bestiaux. 8 lithog.

198 **Turner**. Paysage d'ap. Dominiquin. Bistre.

199 **Turner** d'ap. Rembrandt, Westall, etc., 3 p.

200 **Vibert**. Le Concert, d'ap. Netscher, avant la lettre, sur chine.

201. **Vidal** (d'ap.). Eva, — Amour de soi même. 2 lithog. coloriées.

202. **Wattier** (Emile). Sujet galant, goût de Watteau. Sup ép. avant toute lettre, chine avec autographes et autres. 3 eaux-fortes originales.

203. **Vignettes anglaises**. Avant la lettre, d'ap. L. Boulanger, Johannot, Stephanoff, etc. 18 p. Superbes ép. sur chine, grande marge.

204. **École allemande moderne**. 26 p.

205. **École italienne**. La Fortune de Vitali, Apôtres, avant la lettre, Christ au tombeau, de Ribera, etc. 4 p.

206. **École française**. Sujets divers, 10 p. 2 lots.

PORTRAITS

207. **Balechou**. Crébillon, in-4°. Très-belle ép.

208. **Boizot**, 1775. Profil de Marie-Antoinette, in-4°.

209. **Bradel**, d'ap. nature. Chevalier d'Eon de Beaumont. Petit in-fol.

210. **Calamatta**. Le Duc d'Orléans à mi-corps.

211. — Georges Sand, 1836. Grand in-8, magnifique ép. sur chine, marge, in-fol.

212. **Cathelin**. Marie-Antoinette, d'ap. Fredou, encore jeune. Beau portrait in-fol. Très-belle ép., marge.

213. **Chereau**. E.-S Cheron, femme Le Hay. In-fol.

214. **Cousin** (S.). Elisabeth Grosvenor.

215. **Demarcenay**. Henri IV. — Charles V. — Charles VII. 3 portraits in-8. Très-belles ép.

216. **Drevet**. Boileau, in-4°. Belle ép.

217. — Louis, duc d Orléans, grand in-4°. Belle ép.

218. **Dupont** (Henriquel). Mme de Mirbel en pied, avant et avec la lettre. 2 p.

219. — Pasta. — Rachel. 2 p.

220. — C. Vernet, l'Ecole turque, vignettes, etc. 7 p.

221. **Dyck** (D'ap. Van). Lucie, comtesse de Carlisle, Coeberger, etc. 4 p.

222. **Edelinck**. Paderborn, Savary, 2 p. in 4.

223. **Ficquet**. Arioste, in-12, avant la lettre.

224. — Pierre Corneille, in-8.

225. — La Fontaine des Fables.

226. — Lamotte Le Vayer.

227. — Marquise de Maintenon.

228. — Poquelin de Molière.

229. — Regnard.

230. — J.-J. Rousseau.

231. — Voltaire, remargé.

232. — Louis, dauphin de France, d'ap. le buste de Lemoine, pour l'Almanach parisien. Très-belle ép. attribuée. Très-rare.

233. **Flameng** (Léopold). Mlle de La Vallière, in-8, charmant portrait avant la lettre sur chine marge in-fol.

234. — Mme de Maintenon, in-8, avant toute lettre, chine, marge. in-fol.

235. — Rachel en pied, en rôle, avant la lettre, chine toute marge.

236. — Daniel Sterne, in-8. Sup. ép. d'artiste sur chine, signée.

237. — La même, avec les noms d'artistes. Sup. ép. chine.

238. **Flipart**, 1762. Mme Favart. Très-belle ép., marge, joli portrait.

239. **Gaucher**. Corneille. — Racine. — Lenormand du Coudray, avant toute lettre. — J.-P.-A. de Saint-Marc. 4 p. in-8. Belles ép.

240. **Grevedon**. Mmes Caradori, Grevedon, Jenny Vertpré, Mars, Noblet. Hélène, Récamier, Victoria. 9 p.

241. **Hopwood**. Napoléon, Malherbe, Sévigné, Voltaire, etc. 5 portraits.

242. **Le Beau**. Marie-Antoinette, d'ap. Mauperin, in-8. Rare.

243. — Hue de Miroménil. — Montaigne. 2 p in-8.

244. **Lépicié**. Catherine De Seine, actrice. In-fol.

245. **Lutma** jeune. Son portrait, dessinant.

246. **Mandel**. Portrait du Titien, d'ap. lui-même.

247. **Handel**. Portrait de Van Dyck, d'ap. lui-même.

248. **Masquelier**. Comtesse de Grignan. Lettre grise.

— Marquise de Simiane. In-8°, toute marge.

249. **Massard** (Louise). Marie-Thérèse confiant sa fille Marie-Antoinette à la France. Petit in-fol., avant la lettre.

250. **Metzmacher**. Daniel Sterne. Superbe ép., avant toute lettre. In-fol. sur chine.

251. **Nanteuil**. Louis XIV, grandeur naturelle. R. D. 166, avant dernier état, un peu coupé en haut.

252. **Pannier**. Velasquez. In-4°, avant la lettre.

253. **Pollet**. Alfred de Musset, d'ap. Landelle.

254. **Raunheim**. Décameron dramatique. 9 p.

255. **Roger**. Marie Antoinette en pied, en grand costume de réception, d'ap. Rosselin le Suédois. Magnifique ép. de souscription, avant la lettre, toute marge, grand in-fol.

256. **Savart** et **Ficquet** Buffon, Racine, Berghem, J.-B. Rousseau, Saugrain, etc. 6 p.

257. **Schuppen** (Van). Mme Deshouilières, in-8. — de Monchy, petit in-fol. 2 p.

258. **Tardieu**. Marie-Antoinette en vestale, d'ap. Dumont. In-fol., avant la lettre.

259. — Regnard, Stanislas, roi de Pologne, Henri IV, buste et pied, Christine, comte d'Arundel. 7 p.

260 **Vangelisty**. Anne-Marie Martinozzi, princesse de Conty, d'ap. Petitot, in-8.

261 — Mlle Caroline Wuïet, conduit par l'Amour. Ovale en travers, toute marge, petit in fol.

262 **Vanloo** (d'après). Mme de Pompadour, la belle Jardinière, par Anselin, in-4.

PORTRAITS PAR NOMS AVEC AUTOGRAPHES

263 ***Beranger***, par Pannier, L. autogr. sig. — Portrait de Mlle Judith, par Léopold Massard. 3 p.

264 ***Bigottini***, par Vigneron, et L. aut. sig. 2 p.

265 ***Damoreau-Cinti*** (Mme), par Lacauchie, L. aut. sig. à Mme Persiani, et son portrait. 3 p.

266 ***Hugo*** (Victor), par Alophe, L. aut. sig. et lith. d'après ses dessins

267 ***Lemaître*** (Frédéric), à mi-corps, in-4, manière noire, avant toute lettre, marge.

268 ***Marie-Antoinette***. Signature autographe, contresignée et accompagnée du mot *payez* sur un mémoire de sa maison.

269 — In-8, comme dauphine, entourée de figures allégoriques, par Lemire; allégorie : Naissance du Dauphin, profil en couleur, in-4. 4 p.

270 — Portraits, in-8 et in-4, en buste et en pied avant et avec la lettre. 14 p.

271 — Les Enfants de France, Madame Élisabeth, la princesse Lamballe, vignettes: allégories: le Mariage, scènes et sujets relatifs à Marie-Antoinette, vues de Trianon, scènes de la Révolution d'ap. Scheffer et Johannot. 24 p.

272 **Vigny** (Alfred de), par Gigoux, L. aut. sig 2 p.

272 *bis* **Volnys** (Mme), par Riffaut, L. aut. sig. 2 p.

273 **Voltaire** âgé, de face, in 4 rogné, gravé en couleur, genre Dagoty.

273 *bis* Galerie de la Presse, 45 portraits.

274 Portraits par Houbraken, avant la lettre, et autres. 9 p.

ÉCOLE DU XVIIIe SIÈCLE

Et Pièces en couleur.

275 **Amateurs** du XVIIIe siècle, comte de Bizemont, Campion, chevalier de Lorimier, Lepagelet, Viel, etc. 18 p.

276 **Anonyme.** Coiffures, petites têtes de femmes. 9 sujets sur 3 feuilles.

276 *bis* — Erigone, pièce gracieuse, ovale en travers.

277 **Aubry** (d'après). L'Abus de la Crédulité, par *Delaunay*. Très-belle ép. Retour de la Consultation, d'après Bilcoq. 2 p.

278 **Audran** (B.). Les Amours pastorales de Daphnis et Chloé. 32 p. in-8, d'ap. les gouaches du Régent; quelques doubles, différents états et le titre en typographie.

279 **Avril**, 1780. Diane et Actéon, d'ap. l'Albane, ép. avant la lettre.

280 **Bartolozzi.** Clytie, d'ap. A. Carrache; Vénus parée par les Grâces; Euphrosine, pièce gracieuse; Billets de bal, etc. 7 p.

281 **Baudouin** (d'après). Jusque dans la moindre chose. — Roxelane. — Sa taille est ravissante. — 3 jolies p. par Lebeau et Masquelier.

282 — Marton la Bouquetière par Ponce, avant la lettre. — Perrette la laitière par Guttemberg. 2 jolies p.

283 — Le Confessional. Belle pièce par Moitte.

284 — Le Fruit de l'amour secret par Voyez.

285 — Le léger Vêtement, le Soir. 2 p.

286 — Le Jardinier galant par Helman. Très-belle ép. Marge.

287 — Le Coucher de la mariée par Moreau le jeune et Simonet, charmant intérieur de chambre à coucher.

288 **Beauvarlet**. Télémaque racontant ses aventures à Calypso. Superbe ép. avant toute lettre. Signé *Beauvarlet*.

289 — Actéon métamorphosé en cerf, d'après Rottenhamer.

290 **Bertaux** (Duplessis). Adieux de Louis XVI à sa famille, jolie petite pièce ronde, in-8, avant toute lettre, toute marge.

291 — Métiers, scènes de la révolution; vignettes, d'ap. les tableaux de maîtres. 25 p.

292 **Bertin** (d'après). La Gaîté de Silène, par *De Launay*. Belle ép.

293 **Blot**. Jupiter et Io, d'ap. Regnault.

294 **Boilly** (d'ap.). Prélude de Nina par *Chaponnier*.

295 **Bonnet**. L'Eventail cassé. — L'Amant écouté. 2 jolies compositions imprimées en couleur, sous verres.

296 **Bonnet.** Offrande présenté par l'Amour à la Fidélité. L'Amour offrant des présents à Ariane. 2 p. en couleur d'ap. Huet, marge.

297 — L'Amour enchaînant les Grâces avec une guirlande de roses, ovale. — Erigone debout, vue de dos, et l'Amour. 2 p. en couleur, sans marge.

298 **Boucher** (d'ap.). La Baigneuse surprise, par Daullé. — Jupiter et Calisto, par Gaillard. 2 p

299 — La jeune Bergère et autres. 6 p.

300 — Vénus et les Amours, par Gaillard.

301 **Bounieu** (d'après). Bethzabée au bain, par Benoist.

302 **Briceau.** L'Agréable repos, femme nue vue de dos et dormant. — Jeune fille et son oiseau. 2 p. en couleur. Très-belle.

303 **Chereau.** Bethsabée, d'après Santerre (c'est la chaste Suzanne sans vieillards).

304 — Bethsabée, d'ap. Raoux. Loth et ses filles. 2 p.

305 **Chevillet.** La jeune Devideuse. — Philosophe moderne. 2 p.

306 **Cochin** (d'ap.). Vignette pour Emile, Jérusalem, etc. 8 p.

307 **Curtis.** Marie-Antoinette, d'après Dufroé. — Louis XVI, d'ap. Boze, 2 beaux portraits in-fol., en couleur.

308 **Demarcenay.** Regulus, Testament d'Eudamidas, Combat de cavaliers, Tobie recouvrant la vue, Commencement d'orage, le Ciel se couvre, la Dame aux perles, etc. 11 p Belles ép.

309 **Demarteau.** Dame lisant une lettre. Aux trois crayons, d'ap. Huet.

310 — Six motifs d'arabesques et fleurs pour dessins de fauteuils, d'ap. Huet. — Paysage, pastorale, tête d'ap. Boucher, sanguine. — Allégorie pour la mort du Dauphin, d'ap Cochin, sanguine, et le même en bistre. 6 p.

311 **Descourtis**. Foire de village. — Noce de village. 2 charmantes petites p. in-8, d'ap. Taunay. Extrêmement rares, grandes marges.

312 **Deshayes** (d'après). La Résistance (Chaste Suzanne). — La Fidélité surveillante, par Floding. — Saint Pierre délivré. — Erigone, avant la lettre, par Lévêque. 4 p.

313 **Eisen** (d'ap. Ch.). Le Jour du Mariage. Très-belle ép. avant toute lettre.

314 — Vignettes diverses et autres, etc. 24 p.

315 **Fragonard** (H.). Le Parc, jolie eau-forte, ép. avec différences.

316 — L'Armoire, très-belle ép. de la pièce capitale du maître.

317 **Fragonard** (d'après). L'Instant désiré. — Le Baiser amoureux. 2 p. in-4.

318 — Le Gascon puni et autres contes. 4 p. in 4.

319 — Dites-donc s'il vous plaît, par Delaunay. Belle ép.

320 — La Coquette fixée. Très belle épr., avant la dédicace.

321 — Le Pot au lait, ép d'eau forte pure.

322 — Le Temps orageux, beau paysage par Mathieu.

323 — La Fontaine de l'Amour, par Regnault, lettre grise.

324 **Fragonard.** Les Hasards heureux de l'escarpolette, par De Launay. Très-belle ép., forme carrée.

325 **Freudeberg** (d'ap.). Le Lever, par Romanet, 1774.

326 **Germain**, 1780. Château de Saint-Germain et autres. 3 p. à l'eau-forte.

327 **Gessner.** Contes moraux et nouvelles Idylles, Daphnis et Cloé, etc. 27 p.

328 — X. Paysages dédiés à M. Watelet en 1764. — 10 p.

329 **Gravelot** (d'ap.) Illustration pour Tom Jones. 10 p. Belles ép.

330 **Greuze** (d'ap.). La jeune Nourrice, par Moitte. Superbe ép. avant toute lettre, avec de légères retouches au crayon pour le graveur, marge.

331 — La petite Mère et pendant. 2 p. par Moitte.

332 — Étude du tableau de la dame de charité, par J. Massard.

333 — La Voluptueuse, par Gaillard. Belle ép.

334 — Le Geste napolitain. — Les Sevreuses. 2 p.

335 **Jeaurat** (d'après). La Couturière. — Vénus et l'Amour, par Jonxis. 2 p.

336 **Kaufman** (Angelica). Femme qui tresse ses cheveux. — Deux vieillards discutant sur un livre. 2 p. 1763.

337 **Kimly** (d'ap.). L'Espoir du retour, par Tardieu, dame en joli costume.

338 **Lagrené.** La Charité et autres. 2 p. Bistre.

339 **Lambert** (d'ap.). Le Larcin toléré, par Levasseur. Belle ép. avec marge.

340 **Lavreince** (d'ap.). Les Sabots, par Couché. Très belle ép. avant la lettre.

341 — La Consolation de l'absence, par Delaunay.

342 — Qu'en dit l'abbé? rognée. — Le Billet doux. 2 p. Très-belles ép.

343 **Lebas**. Croquis à l'eau-forte et d'ap. Berghem, Rembrandt. Teniers, etc. 18 p.

344 **Lebeau**. Convention de mariage. — La Partie d'Œufs frais. 2 p.

345 **Lebrun** (d'ap. Mad.). La Vertu irrésolue, par Dennel. — Vénus liant les ailes de l'Amour. 2 p.

346 **Le Mire**. Le Gâteau des rois. — Mort de Cléopâtre. 2 p. Belles ép.

347 **Lemoine** (d'ap.). Persée et Andromède. — l'Enlèvement d'Europe. 2 p.

348 **Martini**. Exposition au Salon du Louvre en 1787. Très-belle ép.

349 — Allégorie sur la naissance du Dauphin. Pièce rare avant la lettre.

350 — Vignettes et sujets d'ap. Ostade, Rembrandt, etc. 6 p.

351 **Masquelier**. La Charité romaine. — Paysage d'ap. Ruysdaël. 2 p. Superbes ép. avant la lettre et autres. 4 p.

352 **Moreau** le Jeune (d'ap.). Costume physique et moral au XVIIIe siècle. 16 p.

— Déclaration de la grossesse, par Martini.

— N'ayez pas peur, ma bonne amie, par Helman.

— C'est un fils, Monsieur, par Baquoy.

— Les petits Parrains avant le filet au bas.

— Les Délices de la maternité, par Helman. Ces pièces sont avant la lettre, la marge est suffisante.

— Rendez-Vous pour Marly, par Guttemberg.

— Les Adieux, par Delaunay jeune. 1777.

— La Dame du palais de la reine, par Martini.

— La petite Toilette, par Martini.

— La Course de chevaux, par Guttemberg.

— Le Pari gagné, par Camligue.

— La Partie de wisch, par Dambrun.

— Oui ou non, par Thomas.

Ces 8 pièces ont les dates, mais la marge est petite.

— La petite Loge, par Patas.

— La Sortie de l'Opéra, par Malbeste.

Ces 2 pièces sont avec la lettre.

— Le vrai Bonheur, par Simonet.

Ces 16 p. pourront être divisées.

353 — Tombeau de J.-J. Rousseau à Ermenonville. Rare ép., avec la femme agenouillée à gauche.

354 — Couronnement de Voltaire sur le Théâtre Français en 1778, par Gaucher, chez l'auteur. Sup. ép., marge.

355 — Le Bal masqué, on remarque Louis XVI, Marie-Antoinette et la famille royale.

356 — Le Festin royal. Belle ép. avant la lettre.

357 — Vignettes pour Werther. 3 p. in-8. avant la lettre, toute marge. — Pour Rousseau. 2 p. in-4° pour diverses poésies. 39 p. in-8°, en tout 44 p. Pourra être divisé.

358 **Moreau** l'aîné. Le Villageois entreprenant. — L'Escarpolette. 2 p. Superbes ép. avant la lettre.

359 **Née** et Masquelier. Allégorie pour le mariage de Louis XVI et Marie-Antoinette, avant la lettre.

360 — Les Vœux du peuple confirmés par la religion, et pendant. 2 p. d'ap. Monnet.

361 **Nilson**. Les Plaisirs champêtres, Pastorales et portraits dans des entourages ornés. 9 p.

362 **Oudry** (d'ap.). Anciennes première et seconde vues d'Arcueil, par J.-V. Chenu, 1776. 2 p. Très-belles, grandes marges. Rares.

363 **Pater** (d'ap.). La Courtisanne amoureuse, par Filleul.

364 — Le Mai. — La bonne aventure. 2 p. du cabinet Choiseul.

365 **Petit**. Le Berger apportant Romulus à sa femme, avant la lettre, Transfiguration in-8°, d'ap. Raphaël et autres. 3 p.

366 **Picart** (B.). Titres, Vignettes, Allégories, Portraits, etc. 22 p. Très-belles.

367 **Pompadour**. Camées, Scènes de Rhodogune, gravés par elle-même, Allégorie, son portrait en pied. 10 p. Très-belles ép.

368 **Porporati**. La Mort d'Abel, avant la lettre.

369 **Regnault**. Matin, Jeune fille laissant renverser son lait dans le feu, pendant qu'elle regarde des pigeons. Très-belle ép.

370 **Saint-Aubin** (Aug. de). Jupiter et Léda, d'ap. P. Véronèse. Belle ép.

371 — Vignettes, d'ap. Cochin, Allégories. 7 p.

372 — Portraits de Deshoulières, Linguet, Henri IV, Gessner, etc. 7 p.

373 **Saint Non**. Foire villageoise, d'ap. Benard. Paysages, d'ap. le Prince, Robert, etc. 13 p.

374 **Sergent**. L'Heureuxménage, d'ap. Saint-Aubin.

375 **Surugue**. Enlèvement d'Hélène. — Achille reconnu. 2 p., d'ap. Vleugels.

376 **Tauche** (d'ap.). Les Désirs naissants. — Le Danger des bosquets. 2 jolies dames avec chapeaux et coiffures, 1780. Très-belles ép.

377 **Vanloo** (d'ap.). Sainte Geneviève. In-8, par Baquoy, avant la lettre. Très-belle.

378 — Vénus sortant du bain Superbe ép. avant la lettre.

379 — Triomphe de Silène. — L'Amour clairvoyant. 2 p.

380 **Vignettes** d'après Cochin, Eisen et autres 34 p.

381 **Watteau** (d'ap.). Les Champs-Elysées, par Tardieu. Très-belle ép., marge.

382 — Les Agréments de l'été, par Joulin. Belle ép.

383 — Le Bal champêtre, fête champêtre, Pillement d'un village par l'ennemi, etc. 6 p.

384 **Watteau** (d'ap. Louis). Scènes militaires avant la lettre. 2 très-belles ép.

385 **Wiesbrod**. Taureau, d'ap. P. Potter et paysage avant la lettre, d'ap. Hobbema. 3 p.

386 **Wille** (J.-G.). Petite scène de famille. — Tête casquée. — Paysages. 4 p.

387 — La Ménagère hollandaise, d'ap. G. Dow. Belle ép.

388 — Maîtresse d'école, d'ap. Wille fils.

389 — Charles-Frédéric de Bade, in 4. Très-belle épreuve.

390 — Mort de Marc-Antoine. Très-belle ép. avant toute lettre.

391 — Abraham recevant Agar. Collée et sans marge.

392 Les Amours pastorales de Daphnis et Chloé, par Longus, traduction d'Amiot et autre, ornées des compositions du Régent, gravées par B. Audran. Paris, 1757 ; vol. in-4, mar., filets tranche dorée.

393 Galerie du Palais-Royal. 12 p. avant et avec la lettre.

394 Pièces en couleur. Enlèvement des Sabines, etc. 5 p.

395 Pièces en couleur, école anglaise, Lucrèce, Omphale, etc. 4 p.

396 Sainte Famille, gravure coloriée, cadre. Bois sculpté.

DESSINS

397 ANONYME. Deux petits paysages à l'huile, sur toile et sur bois.

398 BOUCHER. Tête de jeune fille, sanguine. Cadre bois sculpté à jour.

399 CARADEC (L.). Jeune Breton en costume du dimanche à l'huile, sur toile, 1862, encadré.

400 CICERI. Paysage, aquarelle.

401 DELORME, 1825. Vénus et ses colombes. — L'amour entre deux cignes. Joli dessin au crayon noir.

402 ECOLE FRANÇAISE. Scènes pastorales. 2 dessins au crayon, sous verres.

403 — Aquarelle et sépia. 2 paysages sous verres.

404 — Vue intérieure de la Bastille, pendant la démolition, gouache.

405 — Jésus au Jardin des Oliviers soutenu par des anges. Grande et belle composition, dessin aux crayons de couleur. Très-lumineux.

406 FRÉDOU, 1789. Portrait de Camille Desmoulins aux crayons de couleur.

407 MARILLIER, 1772. Toilette de Vénus. Aquarelle.

408 MOREAU (J.-M.). Dame lisant, à l'encre de Chine.

409 — 1780. Temple et décoration, à Trianon, à l'encre.

410 P. W. Cavaliers orientaux. Petit tableau à l'huile sur bois encadré.

411 WATTIER (Emile). Amphore avec groupe de quatre Amours, représentant l'Automne, dans le goût de Prudhon. Crayon noir.

412 — Scène de roman, charmante aquarelle. Très-vigoureuse.

413 — Louis XVII? pastel cadre doré ovale.

414 — Cadre ovale bois sculpté, doré neuf.

Renou et Maulde, imprimeurs de la Compagnie des Commissaires-Priseurs, rue de Rivoli, 144. 41153

www.ingramcontent.com/pod-product-compliance
Ingram Content Group UK Ltd.
Pitfield, Milton Keynes, MK11 3LW, UK
UKHW020516180726
13839UKWH00005B/2123